Fettfrei + Lecker
Das Adipositas und HCG Diät-Kochbuch

Elisabeth Engler

Fettfrei + Lecker
Das Adipositas und HCG
Diät-Kochbuch

compbook starcooks

Die Deutsche Nationalbibliothek verzeichnet diese Publikation in der Deutschen Nationalbibliografie; detaillierte bibliografische Daten sind im Internet über http://dnb.d-nb.de abrufbar

Bildquellenangaben mit Dank an die Fotografen:
S. 16 pixabay.de / PDpics
S. 33 © Marco Mayer / Fotolia.com
S. 25 ©Alexmat46 / pixelio.de
S. 27 ©Viktor / Fotolia.com
S. 29 pixabay.de / public domain pictures
S. 44 pixabay.de
S. 50 ©Didi01 / pixelio.de
S. 55 pixabay.de / public domain pictures
S. 61 ©Maria Lanznaster / pixelio.de
S. 65 ©Viktorija / Fotolia.com
Das **Cover** wurde erstellt unter Zuhilfenahme von Fotos von: © Marco Mayer - Fotolia.com und Elisabeth Engler
Alle anderen Bilder: © Compbook Verlag

Herausgeber:
Compbook Verlag
Karl-Heinz Engler
Kirchbergstr.17
D-85402 Kranzberg
www.compbook.de   email: compbook@gmx.de

Auslieferung: www.bod.de, buchhandel@bod.de

Herstellung und Druck:
Books on Demand GmbH, Norderstedt
ISBN 978-3-934473-33-1

Hinweis:
Die Ratschläge, Hinweise und Rezepte in diesem Buch wurden von der Autorin und vom Verlag mit Sorgfalt erstellt und geprüft. Die Kalorienangaben für die Gerichte und Lebensmittel laut Tabelle wurden mithilfe von Durchschnittswerten ermittelt und können variieren.
Es kann weder eine Garantie noch irgendeine Gewährleistung übernommen werden. Alle Angaben erfolgen ohne Gewähr. Eine Haftung durch Verlag oder Autorin für eventuelle Personen-, Sach- und Vermögensschäden, die aus der Umsetzung der im Buch angegebenen Ratschläge und praktischen Hinweise resultieren, ist ausgeschlossen.

Inhalt:

Die Grundsätze von Adipositas und HCG Diäten

Rezepte für die Diätphase

Tabelle der Inhaltsstoffe

Verzeichnis der Rezepte

Wiederholung der Grundsätze für das Kochen in der Diätphase

In den entsprechenden Büchern (zum Beispiel von Matthias Jünemann) haben Sie sicherlich bereits ausfürhlich über die Grundsätze der Abnehmphase bei HCG und Adipositas Diäten gelesen. Um sicher zu gehen, dass sie noch geläufig sind bzw. wir vom Selben sprechen, wollen wir sie hier wiederholen:

1. Es gibt täglich 2 Mahlzeiten, am Besten mittags und am frühen Abend, keine Zwischenmahlzeiten!

2. Diese dürfen insgesamt 500 bzw. 700 kcal pro Tag (je nachdem welcher HCG Diät man folgt) nicht überschreiten

3. Fette und Öle sind grundsätzlich strengstens verboten!

4. Pro Mahlzeit sind 100 bis 120 g Eiweiß erlaubt

5. Jede Mahlzeit besteht aus **einer** Sorte Eiweiß (fettarm), Gemüse oder Salat (roh oder gekocht) sowie **einer** Obstsorte

6. Kohlehydrate (Nudeln, Reis, Brot, Stärke, Kartoffeln etc.) sind ebenfalls wie Zucker (auch Honig, Süßstoff, Sirup etc.) verboten, mit Ausnahme solcher, die in den erlaubten Nahrungsmitteln enthalten sind oder Stevia

7. Getränke: Kaffee (schwarz), Wasser, Tee, davon täglich mindestens 1,5 bis 2 L trinken (aber bitte nicht vom Kaffee)

8. Snacks zwischendurch sind nicht erlaubt, außer zwei kleinen Grissinistangen pro Tag

9. Absolut kein Alkohol!

10. Die homöopathischen HCG Tropfen oder Globuli nach Anweisung einnehmen, am Besten morgens nach dem Aufstehen und jeweils 15 bis 30 Min. vor den Mahlzeiten, eventuell nochmal abends

Achtung:
Besonders bei Menschen mit empfindlichen Nieren können einseitige Diäten zu Schmerzen durch die starke Entgiftung, vermehrte Belastung der Nieren und Verstopfung oder Durchfall kommen. Aus diesem Grund wurde die Liste der erlaubten Lebensmittel überarbeitet und erweitert.
Trinken Sie jeden Tag mindestens 2 Liter und davon am Besten 2 große Tassen Blasen-Nierentee! Meistens beruhigen sich die Nieren dann schnell wieder. Andernfalls müssen Sie Ihre Werte beim Arzt überprüfen lassen.

TIPP
Die hier angegebenen Rezepte eignen sich selbstverständlich auch für die „Zeit danach": erhöhen Sie einfach die Menge, damit Sie auch satt werden. So kochen Sie immer wieder kalorien- und fettarmes, fast kohlehydratfreies und gesundes Essen. Dieses eignet sich übrigens auch sehr gut als „LOW-Tag" den man jede Woche einmal wiederholt, um sein Gewicht zu halten!

Auch die Sorten der Lebensmittel sind streng begrenzt, Sie dürfen sich aus den folgenden Listen bedienen:

Anmerkung: Die Aufzählung der erlaubten Lebensmittel wurde aufgrund von Erfahrungswerten erweitert, da sie durchaus den Kriterien von Dr. Simeons, dem Erfinder der HCG Diät, hinsichtlich Fettgehalt (Proteine), Glykämischen Index (Früchte) und Kaloriengehalt entsprechen. Wer eine strenge HCG Diät nach Dr. Simeons machen will, verwendet daher nur die mit (S) gekennzeichneten Produkte bzw. ersetzt andere dementsprechend.
(S) Dr. Simeons
(E) Ergänzung

Erlaubte Proteine (Fleisch und Fisch):

Tintenfisch (E), Jakobsmuscheln (E), Zander (E), Krabben (S), Garnelen (E), Heilbutt (S), Flunder (S), Seezunge (S), Kabeljau (S), Barsch (S), Seeteufel (E), Flusskrebse (E), Krabben (E),
Gambas (E)
Schwein: Schnitzel und mageres Filet (E)
Pute und Huhn: Schnitzel und magere Brust (E)
Rind: mageres Fleisch (Filet, Hüfte, Tatar)

Erlaubte Früchte:

Apfel (S), Orange (S), Grapefruit (S), Erdbeeren (S), Mango (E), Papaya (E), Zwetschgen (E), Birne (E), Clementine (E), Granatapfel (E), Heidelbeeren (E), Himbeeren (E), Holunderbeeren (E), rote Johannisbeeren (E), Sauerkirschen (E), Nektarine (E), Pfirsich (E), Pflaumen (E), Preiselbeeren (E), Stachelbeeren (E), Passionsfrucht (E), Rhabarber (F)

Erlaubtes Gemüse und Salat

Tomaten (S), Zwiebel (S), Salat (S), Radieschen (S), Gurke (S), Spargel (S), Mangold (S), Fenchel (S), Spinat (S), Kohl (S), Chicorée (S), Lauch (E), Kohlrabi (E), Brokkoli (E), Zucchini (E), Paprika (E), Erbsen (E), Radicchio (E), Blumenkohl (E), Chinakohl (E), Spitz- und Grünkohl (E), Rosenkohl (E), Schalotten (E), Grüne Bohnen (E), Sellerie (E)
Pilze: Champignon, Shiitake, Austernpilze (E)

Eventuell kann man die Sauce der entsprechenden Gerichte auch mit einer Prise Johannisbrotkernmehl andicken, das enthält etwa 7 g Kohlehydrate auf 100 g und 60 Kcal (E).

Brokkolicremesuppe

(2 Portionen, je 70 Kcal)

Zutaten:

- 1 Brokkoli (500 g)
- 400 ml Wasser
- 1 - 2 TL Gemüsebrühe
  (ohne Geschmacksverstärker)
- 1 Prise Muskatnuss
- Pfeffer
- evtl. Salz

Tipp
200 ml Wasser durch 200 ml Sojamilch (ungesüßt, fettarm) ersetzen, anstelle zusätzlichen Proteinen!

Zubereitung:

1. Den Brokkoli waschen und die Röschen abschneiden.
2. Das Wasser erhitzen, die Gemüsebrühe und die Brokkoliröschen zugeben, ca. 8 Minuten lang weich kochen lassen.
3. Mit dem Pürierstab fein mixen und zu guter Letzt mit Pfeffer und Muskatnuss verfeinern, mit Salz abschmecken und servieren.

Kohlrabisalat

(2 Portionen, je 240 Kcal)

Zutaten:

- 1 Kohlrabi
- ½ Paprika
- 10 cm Gurke
- 1 EL Magerjoghurt
- 1 TL Senf *(mittelscharf)*
- 2 EL Zitronensaft
- 1 EL frisch gehackte Kräuter *(Dill, Schnittlauch, Petersilie nach Belieben)*
- 1 Knoblauchzehe evtl.
- Salz und Pfeffer

Zubereitung:

1. Das Gemüse waschen und putzen. In kleine Würfelchen schneiden oder fein hobeln und miteinander vermischen.
2. Joghurt, Senf und Zitronensaft in einem Becher verrühren und über das klein geschnippelte Gemüse geben.
3. Wenn gewünscht, die Knoblauchzehe zerdrücken und zufügen, die gehackten Kräuter unterheben. Alles gut vermischen und mit Salz und Pfeffer abschmecken.

Gurkensalat

(1 Portion, 65 Kcal)

Zutaten:

- ½ Salatgurke
- 120 g aromatische Tomaten
- 1 kleine Handvoll frisches Koriandergrün oder Basilikum
- 1 EL Himbeer-Ingweressig
  (oder Apfelessig)
- 1 TL Kräutersalz
- Pfeffer

Tipp
Vor dem Verzehr 10 Minuten lang durchziehen lassen

Zubereitung:

1. Gurke, Tomaten und Kräuter waschen.
2. Gurke schälen und in mundgerechte Stücke schneiden, die Tomaten vierteln.
3. Korianderblätter fein hacken und alles in eine Schüssel geben. Essig hinzugeben, danach mit dem Kräutersalz und Pfeffer abschmecken.

Wokgemüse

(4 Portionen, je 90 Kcal)

Zutaten:

- 3 Stangen Sellerie
- 1 Zwiebel
- 3 Karotten *(mittelgroß)*
- 1 Petersilienwurzel
- 1 Paprika *(rot)*
- 200 ml Gemüsefond
- 3 EL Sojasauce
- Pfeffer

Tipp
Dazu passt Hähnchenbrust oder Rindersteak

Zubereitung:

1. Gemüse waschen, schälen und in kleine Stücke schneiden.
2. Die Zwiebelwürfel und Petersilienwurzelstücke im Wok kurz anrösten. Die Tomaten dazugeben und für gut 5 Minuten abgedeckt, bei mittlerer Hitze, schmoren lassen.
3. Mit Fond ablöschen, dann Karotten, Paprika und Stangensellerie zugeben und 8 - 10 Minuten unter Rühren gar kochen.
4. Mit Sojasauce und Pfeffer würzen.

Zucchini-Paprika-Pfanne

(1 Portion, 125 Kcal)

Zutaten:

- 2 kleine Zucchini
- ¼ Paprika *(gelb oder rot)*
- 1 Schalotte oder kleine Zwiebel
- 1 Knoblauchzehe
- Paprikapulver *(edelsüß)*
- Kräuter der Provence
- Kräutersalz
- Pfeffer

Tipp
Auch lecker mit (kleingeschnittenen) Tomaten, anstelle der Paprika

Zubereitung:

1. Alles in kleine Würfel schneiden.

2. In eine beschichtete Pfanne 100 ml Wasser hineingeben und darin die Schalotten mit dem Knoblauch etwa 3 Minuten lang andünsten lassen.

3. Zucchini und Paprikastücke zugeben und ca. 8 Minuten lang (abgedeckt) weich dünsten, eventuell noch etwas Wasser nachgeben

4. Mit Kräutersalz, Paprikapulver, Kräutern und Pfeffer würzen und abschmecken.

Stangenselleriepfanne

(1 Portion, 180 Kcal)

Zutaten:

- 3 Selleriestangen
- 15 g Ingwer
- 1 EL Sojasauce
- 5 EL Gemüsefond

Tipp
Dazu schmecken zum Beispiel die Schweinelendchen Seite 31 besonders gut

Zubereitung:

1. Den Sellerie waschen und Anschnitte entfernen. In dünne Stifte schneiden.

2. Eine beschichtete Pfanne erhitzen und den Sellerie darin, unter Rühren, 2 Minuten lang trocken anrösten lassen. Mit Sojasauce und Gemüsefond ablöschen und bei reduzierter Hitze weiterköcheln lassen.

3. Den Ingwer schälen und fein zerreiben, anschließend dem Gemüse untermischen. Nach 5 - 8 Minuten ist der Sellerie noch leicht bissfest und kann serviert werden.

Selleriestampf

(1 Portion, 75 Kcal)

Zutaten:

- 200 g Knollensellerie
- 3 Radieschen
- 1 EL Kresse
- 100 ml Gemüsefond
- ½ TL Kräutersalz
- Muskatnuss
- Pfeffer

Zubereitung:

1. Knollensellerie waschen, schälen und grob würfeln. Gemüsefond zum Kochen bringen, Kräutersalz zugeben. Die Selleriestücke darin nun weich kochen (ca. 15 Minuten).

2. Radieschen waschen und in feine Stifte schneiden.

3. Mit einem Pürierstab den weich- gekochten Sellerie fein mixen, mit Muskat und Pfeffer würzen.

4. Mit den Radieschen und der Kresse bestreut servieren.

Mediterrane-Gemüseplatte

(2 Portionen, je 190 Kcal)

Zutaten:

- 1 Zucchini *(klein)*
- ½ Paprika *(gelb)*
- ½ Paprika *(rot)*
- 1 Aubergine *(klein)*
- 200 g Champignons *(braun)*
- 2 Schalotten
- 2 Knoblauchzehen
- 1TL Oregano *(trocken)*
- 1 Rosmarinzweig
- 3 kleine Thymianzweige
- 200 ml Gemüsebrühe
- 2 EL Balsamico *(ungesüßt)*
- Kräutersalz
- Pfeffer

Tipp
Kann sowohl warm als auch kalt gegessen werden

Zubereitung:

1. Zucchini, Paprika und Aubergine waschen, putzen und in dünne Stifte aufschneiden. Champignons unter kaltem Wasser kurz abbrausen, dann mit einem Küchentuch trocken tupfen, dann jeweils vierteln (bei großen Pilzen in 8 Teile schneiden). Schalotten und Knoblauch putzen und fein würfeln. Rosmarinnadeln vom Zweig streifen und fein hacken.

2. Eine beschichtete Pfanne erhitzen und die Schalotten- und Knoblauchwürfel darin, unter Rühren, 2 Minuten lang trocken anrösten. Gemüsestifte zugeben und weiterrühren. Nach 1 Minute mit der Gemüsebrühe ablöschen. Die Champignons zugeben sowie die Rosmarinnadeln, den Oregano und den Thymian (im Ganzen). Bei reduzierter Hitze weiter köcheln lassen bis das Gemüse weich ist.

3. Mit Balsamico, Kräutersalz und Pfeffer kräftig würzen und servieren.

Geschmolzene Tomaten

(1 Portion, 115 Kcal)

Zutaten:

- 200 g aromatische Tomaten
- 1 Zwiebel *(klein)*
- 1 Knoblauchzehe
- 1 Baslilikumzweig *(frisch)*
- 1 TL Apfelessig oder Balsamico
- Salz
- Pfeffer

Tipp
Servieren Sie dazu fein aufgeschnittene heißgeräucherte Hähnchenbrust (Abb. nächste Seite)

Zubereitung:

1. Die Tomaten waschen, dann vierteln.
2. Die Zwiebeln in feine Stücke schneiden, den Knoblauch zerdrücken und beides zusammen mit 50 ml Wasser in einer beschichteten Pfanne 3 Minuten lang andünsten.
3. Die Tomaten dazugeben und für gut 5 Min. abgedeckt, bei mittlerer Hitze, schmoren lassen.
4. Das Basilikum waschen und grob hacken.
5. Die Tomaten mit Essig, Salz und Pfeffer abschmecken, auf einem Teller anrichten und mit dem Basilikum bestreuen.

Lauchpfanne

(1 Portion, 240 Kcal)

Zutaten:

- 2 Stangen Lauch
- 1 Apfel
- Salz und Pfeffer

Tipp
Schmeckt auch mit Mango anstelle von Apfel zubereitet. Weiteres Obst bei dieser Mahlzeit weglassen!

Zubereitung:

1. Lauch putzen, den dunkelgrünen Teil und die Wurzelansätze abschneiden.
2. Der Länge nach mit einem scharfen Messer halbieren und unter fließendem Wasser gründlich abwaschen. Quer in 1 cm breite Streifen schneiden.
3. Den Apfel waschen, schälen, Kernhaus entfernen und in ca. 1 x 1 cm kleine Würfel schneiden.
4. Alles in einer beschichteten Pfanne mit 100 ml Wasser, abgedeckt, bei mittlerer Hitze weichkochen. Mit Salz und Pfeffer abschmecken und servieren.

Blumenkohl-Brokkolipfanne

(1 Portion, 90 Kcal)

Zutaten:

- 60 g Stangensellerie
- 60 g Brokkoliröschen
  (geputzt)
- 60 g Blumenkohlröschen
  (geputzt)
- 1 Knoblauchzehe
- 1 EL Sojasauce
- 150 ml Gemüsefond
- Pfeffer

Zubereitung:

1. Den Stangensellerie in Scheiben schneiden (½ cm), den Brokkoli und den Blumenkohl jeweils in 1 x 1 cm Stücke schneiden. Den Knoblauch schälen, mit einer Messerklinge seitlich anquetschen und in kleine Würfel schneiden.

2. Den Knoblauch in einer heißen, beschichteten Pfanne kurz trocken anrösten. Anschließend Gemüsefond und Sojasauce zufügen. 1 Minute lang gut durchkochen, dann die Selleriewürfel zugeben. Mit Fond ablöschen. Karotten, Paprika und Stangensellerie einrühren und weitere 8 - 10 Minuten lang gar kochen.

3. Jetzt die Blumenkohl- und Brokkoliröschen hinein geben und bei voller Hitze abgedeckt 5 Minuten lang kochen lassen.

4. Mit Pfeffer würzen und servieren.

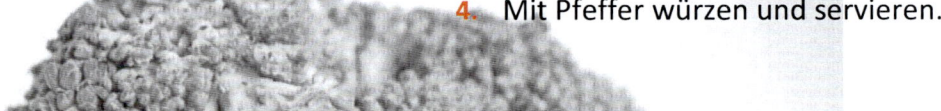

Auberginen-Zucchini-Pfanne

(1 Portion, 140 Kcal)

Zutaten:

- 100 g Zucchini
  (gewürfelt)
- 60 g Paprika *(gelbe oder rote, gewürfelt)*
- 100 g Auberginen *(gewürfelt)*
- 1 Knoblauchzehe
- 1 TL Oregano
- 1 TL Paprikapulver *(edelsüss),*
- Salz und Pfeffer
- 100 ml Gemüsefond

Tipp
Versuchen Sie auch einmal ein Minutensteak vom Schwein oder gebratene Hähnchenstreifen dazu!

Zubereitung:

1. Knoblauch schälen, anquetschen und klein schneiden. Einen Kochtopf mit ca. 1 L Wasser aufstellen, gut salzen und zum Kochen bringen. Die Auberginen in Würfel schneiden und in den Topf geben. 5 Min. lang leicht köcheln lassen, dann durch ein Sieb abgießen und beiseite stellen.

2. In eine beschichtete Pfanne die Knoblauchstücke geben und 1 Min. lang trocken anbraten lassen.

3. Zucchinistücke zugeben und 2 Minuten lang, unter Rühren anrösten.

4. Gemüsefond und Paprikawürfel zugeben, Paprikapulver und Oregano einrühren und das Ganze 5 Minuten kochen lassen. Gemüsefond oder etwas Wasser nachfüllen, wenn die Flüssigkeit verdampft ist.

5. Sobald die Zucchini weich sind, die abgegossenen Auberginen zugeben, gut durchmischen und mit Salz und Pfeffer abschmecken.

Orangen-Fenchel-Gemüse

(2 Portionen, je 95 Kcal)

Zutaten:

- 2 Fenchelknollen *(klein bis mittelgroß)*
- 1 Orange
- ½ Blutorange
- 100 ml Gemüsebrühe
- Pfeffer und Salz
- evtl. paar Tropfen Flüssig-Stevia

Zubereitung:

1. Den Fenchel waschen und putzen. In dünne Scheiben schneiden und in einer beschichteten Pfanne trocken, unter Rühren 2 - 3 Minuten anrösten.

2. Gemüsebrühe zugeben und abgedeckt etwa 8 Minuten lang weich dünsten lassen.

3. Die Orangen schälen und das Fruchtfleisch filetieren. Heraustretenden Fruchtsaft auffangen. Die Blutorange auspressen.

4. Sobald der Fenchel weich ist, die Orangenfilets und den Saft unterrühren, noch 2 Minuten lang köcheln lassen und mit Salz und Pfeffer abschmecken.

Gemüsespieße vom Grill

(1 Portion, 90 Kcal)

Zutaten:

- 100 g Zucchini
- 1 kleine Zwiebel
- ⅓ rote Paprika
- 2 Champignons
- Rauchsalz
- Cayennepfeffer
- ½ Knoblauchzehe
- *(oder 1 Prise gemahlenes Knoblauchpulver)*
- 2 Holzspieße

Probieren Sie dazu einen ebenfalls gegrillten Tatarburger oder Steakstreifen! Würzen Sie auch das Fleisch mit dem Rauchsalz.

Zubereitung:

1. Holzspieße 10 Minuten in kaltem Wasser einweichen lassen.

2. Zucchini waschen, putzen, in 6 Scheiben (je ca. ½ cm dick) schneiden.

3. Zwiebel schälen und in 4 gleichdicke Scheiben schneiden.

4. Paprika waschen, putzen und in 4 gleichgroße Stücke aufteilen.

5. Champignons kurz mit kaltem Wasser abbrausen und in je 2 Hälften schneiden.

6. Gemüse in eine Schüssel geben und mit Rauchsalz, Knoblauch oder Knoblauchpulver und Cayennepfeffer würzen, gut durchmischen.

7. Das Gemüse abwechselnd, beginnend mit den Zucchinistücken, auf die Holzspieße stecken.

8. Einen antihaftbeschichteten Kontaktgrill anheizen und auf der heißen Fläche die Gemüsespieße ohne Fett grillen, bis sie noch Biss haben aber eine schöne Färbung angenommen haben.

Würzige Austernpilze

(1 Portion, 110 Kcal)

Zutaten:

- 150 g Austernpilze
- ½ Paprika *(rot)*
- 1 Knoblauchzehe
- 1 cm Ingwer *(frisch)*
- 2 EL Sojasauce
- ½ Tasse Wasser
- 2 Frühlingszwiebeln
- 1/8 Kressebeet

Tipp
*Dazu passt ein simples
weichgekochtes Ei (Größe L)*

Zubereitung:

1. Die Austernpilze unter fließendem Wasser waschen, Stiele abschneiden und mundgerecht aufschneiden.

2. Paprika waschen, putzen und in Würfel schneiden.

3. Frühlingszwiebeln waschen, den weißen und hellgrünen Teil in dünne Röllchen schneiden.

4. Knoblauch fein hacken, Ingwer schälen und in eine beschichtete Pfanne reiben. Knoblauch zugeben und alles trocken kurz anrösten. Bevor beides zu dunkel wird, mit Wasser und Sojasauce ablöschen. Aufkochen lassen, dann die Pilze und die Paprika zufügen, gut durchmischen.

5. Abgedeckt 5 Minuten lang schmoren lassen. Die Frühlingszwiebeln dazugeben und alles zusammen noch eine weitere Minute lang kochen lassen.

6. Mit Salz und Pfeffer abschmecken, anrichten und mit der Kresse bestreuen

Pilz-Spargel-Ragout

(2 Portionen, je 105 Kcal)

Zutaten:

- 250 g Stein- oder Austernpilze
- 100 g Champignons
  (braun)
- 3 Frühlingszwiebeln
- 500 g Spargel
- 1 TL Kräuter der Provence
- 5 EL Gemüse- oder
  Geflügelfond
- ½ TL Kräutersalz
- ½ TL Arrabiatagewürz
  *(oder eine Knoblauchzehe mit
  einer Chilischote, kleingeschnitten)*

Zubereitung:

1. Die Pilze unter fließendem Wasser waschen, Stielansätze abschneiden und die Köpfe in mundgerechte Stücke schneiden.

2. Den Spargel waschen, Abschnitte wegschneiden und gut schälen. Schräg in 2 cm lange Streifen schneiden.

3. Frühlingszwiebeln waschen, den weißen und hellgrünen Teil abschneiden und in dünne Scheiben schneiden.

4. Knoblauch fein hacken, Ingwer schälen und mit der Reibe in eine beschichtete Pfanne geben. Beides trocken 1 Minute lang anrösten, dann Wasser und Sojasauce hinzufügen. Eine weitere Minute lang köcheln lassen, bevor man den Spargel und die Pilze zufügt. Alles gut mit einander vermischen.

5. Abgedeckt für 5 Minuten lang schmoren lassen (bis der Spargel angenehm weich, aber nicht matschig ist). Die Frühlingszwiebeln mit reingeben und nochmals für eine weitere Minute einkochen lassen.

6. Mit Salz und Pfeffer abschmecken, anrichten, mit der Kresse bestreuen und dann servieren.

Wasabi-Spargel

(2 Portionen, je 55 Kcal)

Zutaten:

- 500 g Spargel *(grüner)*
- 1 TL Wasabipulver oder - paste
- 1 TL Gemüsebrühe *(hefefrei oder frisch)*
- 200 ml Wasser oder grüner Tee
- ½ TL Bärlauch *(geschnitten)* alternativ andere Kräuter

Tipp
2 Minuten bevor der Spargel fertig ist, in der Pfanne 100 g mageren Schinken oder gekochtes Rindfleisch erhitzen lassen

Zubereitung:

1. Den Spargel waschen, Abschnitte abschneiden und die unteren 2/3 jeder Stange schälen, anschließend in 2 cm lange Stücke schneiden.

2. Wasabipulver nach Anleitung mit Wasser anrühren.

3. In einer beschichteten Pfanne (mit Deckel) das Wasser erhitzen und mit der Gemüsebrühe würzen.

4. Die Spargelstücke hineingeben und abgedeckt 8 – 10 Minuten noch leicht bissfest kochen lassen.

5. Wasabi und Kräuter einrühren und sofort servieren.

Omelett

(1 Portion, 225 Kcal)

Zutaten:

- 3 Eier *(Größe M)*
- 50 ml Gemüsefond
- einige Blätter vom Feldsalat oder Babyspinat oder ¼ Kressebeet⬜
- 1 Tomate *(kleingewürfelt)*
- 1 Schalotte *(kleingewürfelt)*
- Paprikapulver
- 1 TL Sojasauce
- Kräutersalz und Pfeffer

Zubereitung:

1. Die Eier aufschlagen und das Eigelb von einem Ei, sowie das Eiweiß aller drei Eier, mit dem Fond und der Sojasauce verquirlen.

2. Eine beschichtete Pfanne erhitzen und die Eiermasse hineingeben. Kurz anziehen lassen. Die Tomaten- und die Zwiebelwürfel gleichmäßig darüber streuen und das Omelett für 3 - 4 Minuten bei mittlerer Hitze braten lassen, sodass es in der Mitte noch leicht weich ist.

3. Mit Kräutersalz, Pfeffer und Paprika würzen und die gewaschenen Salatblätter oder die Kresse darauf streuen. In einen Teller gleiten lassen und zusammen klappen.

Gekräutertes Löffelei

(1 Portion, 190 Kcal)

Zutaten:

- 2 Hühnereier
  (*Größe M*)
- 1 EL Schnittlauch
  (*kleingeschnitten*)
- Kräutersalz
- Pfeffer

Tipp

Dazu passt ein frischer Salat
(*siehe unter Nr. 1, „Gemüse und
Salate")*

Zubereitung:

1. Die Eier von oben anstechen mit einem Eierstecher, oder alternativ mit einer dicken Nadel. Die Eier anschließend 5 Minuten lang, in kochendem Wasser oder im Eierkocher, weich kochen lassen.

2. Kurz abschrecken und die Eier in eine kleine Schüssel hineinlöffeln.

3. Den Schnittlauch dazugeben, mit Kräutersalz und Pfeffer fertig würzen.

Jakobsmuscheln im Kräutermantel

(1 Portion, 145 Kcal)

Zutaten:

- 8 - 10 Jakobsmuscheln
  (*je nach Größe, = 150 g frisch
  oder getaut*)
- ¼ Kressebeet
- 1 Basilikumzweig
- Kräutersalz
- Pfeffer

Tipp

Dazu passt unser Orangen-Fenchel-Gemüse von Seite 18 besonders gut oder einfach nur fruchtige Tomaten mit einer halben frischen Mango.

Zubereitung:

1. Die Jakobsmuscheln mit kaltem Wasser abspülen und mit Küchenpapier trocken tupfen.

2. Kresse abschneiden und klein hacken.

3. Basilikum waschen, trocken schütteln und fein schneiden. Kresse und Basilikum miteinander vermischen.

4. Eine gute beschichtete Pfanne trocken erhitzen. Die Muscheln in den Kräutern wälzen und in die heiße Pfanne geben. Jede Seite etwa 2 Minuten bei mittlerer Hitze braten lassen, so dass sie innen noch leicht glasig und zart sind.

5. Jetzt salzen, pfeffern und sofort servieren.

Dunkle Steakstreifen

(1 Portion, 135 Kcal)

Zutaten:

- 100 g Rindersteak
  (aus der Hüfte)
- ½ TL Tamarindenpaste
  (Konzentrat)
- 2 EL Gemüsefond oder
  Grüner Tee
- ½ TL Currypaste *(grün)*

Tamarindenpaste ist eine süß-saure, sehr gesunde Fruchtpaste und vor allem im Asienladen erhältlich

Zubereitung:

1. Tamarinden- und Currypaste mit dem Gemüsefond glatt verrühren.

2. Steak waschen, trocken tupfen und quer zur Faser in möglichst feine Streifen schneiden.

3. Mit der Würzpaste in einer kleinen Schüssel gut vermengen und mindestens 10 Minuten lang marinieren lassen.

4. Eine beschichtete Pfanne erhitzen. Das Fleisch samt der ganzen Marinade hineingeben und von beiden Seiten, etwa je 2 – 3 Minuten lang, unter Rühren braten. Mit Gemüse oder Salat servieren.

Tamarindenfrucht

Putengyros

(1 Portion, 160 Kcal)

Zutaten:

- 120 g Putenschnitzel
- ½ Zwiebel
- 1 Knoblauchzehe
- Salz
- 100 ml Gemüsebrühe

Tipp
*Tomaten-Gurkensalat
passt sehr gut zum Gyros!*

Zubereitung:

1. Das Putenfleisch waschen, trocken tupfen und in feine Streifen oder kleine Würfel schneiden.

2. Den Knoblauch und die Zwiebel klein schneiden. Dann mit dem Fleisch und 1 EL der Gyrosgewürzmischung *(siehe unten)* gut vermischen. Das Ganze dann für eine Stunde in einem Gefrierbeutel, oder zumindest abgedeckt im Kühlschrank, marinieren lassen.

3. Anschließend in einer beschichteten Pfanne erst kurz trocken anbraten, dann mit der Gemüsebrühe aufgießen und etwa 5 Minuten lang, unter Rühren, fertig garen lassen.

Zutaten für das Gyrosgewürz (Gesamtmenge 147 Kcal):

- 1 EL Paprikapulver *(edelsüß)*
- 1 TL Paprikapulver *(rosenscharf)* oder ¼ TL Cayennepfeffer
- ½ TL Kreuzkümmel *(gemahlen)*
- ¼ TL Koriander *(gemahlen)*
- ½ TL Rosmarin *(getrocknet und gemahlen)*
- 1 TL Thymian *(getrocknet)*
- 1 EL Oregano *(getrocknet)*

Marinierte Schweinelendchen

(1 Portion, 200 Kcal)

Zutaten:

- 120 g Lendensteak
  (vom Schwein)
- ½ TL Paprikapulver
  (edelsüß)
- ½ TL Currypulver
- 2 EL Wasser
- 1 cm Ingwerwurzel
- ½ Tasse Gemüsebrühe
  (nach Belieben)
- Kräutersalz
- Pfeffer

Tipp
Servieren Sie als Beilage einen frischen Feldsalat oder ein Bohnen-Pilzgemüse

Zubereitung:

1. Fleisch waschen und in 1 cm x 1 cm große Würfel schneiden.

2. Paprika und Curry miteinander mischen und mit dem Wasser zu einer Marinade rühren. Mit dem Fleisch zusammen in eine kleine Schüssel geben und dann für mindestens 10 Minuten einziehen lassen. Wenn gewünscht, reibt man noch etwas frischen Ingwer hinein und vermischt das Ganze gut miteinander.

3. Eine beschichtete Pfanne wird nun erhitzt und das Fleisch, für 2 Minuten, darin trocken gerührt. Nach Wunsch noch etwas Gemüsefond dazugeben und für etwa weitere 2 Minuten fertig garen lassen.

Rostbeefbraten

(5 Portionen, je 150 Kcal)

Zutaten:

- 500 g magere Rinderlende
- 1 Schalotte
- 1 Knoblauchzehe
- 1 Rosmarinzweig
- 1 TL Gemüsebrühe *(ohne Hefeextrakt)*
- Kräutersalz
- Pfeffer

Tipp

Als Beilage schmecken gewürfelte und gewürzte Tomaten, genauso wie auch kalte Gewürzgurken (OHNE ZUCKER!)

Zubereitung:

1. Die Lende waschen und trocken tupfen. Dann sorgfältig Fett und Sehnen mit einem scharfen Messer entfernen und mit dem Kräutersalz einreiben.

2. Eine beschichtete Pfanne erhitzen und die Lende darin von allen Seiten kurz anbraten (Alternativ mit 50 ml heißem Wasser, falls die Beschichtung der Pfanne beschädigt sein sollte).

3. Die Schalotte schälen und acht teilen. Den Knoblauch auch schälen, zerdrücken und im Ganzen in eine Auflaufform mit Deckel geben.

4. Die Gemüsebrühe, den Rosmarinzweig und 100 ml Wasser zugeben und die angebratene Lende darauf setzen. Deckel aufsetzen und im Backofen für ca. 30 Minuten bei 180°C schmoren lassen. Mit einem speziellen Bratenthermometer kann man die Innentemperatur messen. „Medium" ist das Fleisch bei 63°C, „zartrosa" bei 66°C.

5. Kurz vor Erreichen der richtigen Temperatur, nimmt man die Auflaufform aus dem Ofen und lässt den Braten mit Deckel 5 Minuten ruhen.

6. Danach das Fleisch in Scheiben schneiden (bei einer Dicke von ½ cm, ergeben drei solcher Stücke ca. 100 g). Mit ein paar Löffeln der Fleischsoße übergießen und servieren.

Tatarburger

(2 Portionen, je 175 Kcal))

Zutaten:

- •240 g Rindertatar
- •1 Schalotte oder
- •1 Frühlingszwiebel
- •1 TL Senf *(scharf)*
- •1 TL Tomatenmark
- •2 Knoblauchzehen
- •1 TL Lammgewürz
- •1 TL Kräuter nach Wahl
  (frisch oder getrocknet)
- •½ TL Salz

Zubereitung:

1. Zwiebel schälen und sehr fein hacken.
2. Alle Zutaten mit dem Tatar vermischen und kräftig durchkneten. Aus der Masse dann zwei Burger formen und in einer beschichteten Pfanne von jeder Seite ca. 8 - 10 Minuten lang durchbraten.

Tipp
Dazu passen frische oder auch Schmortomaten, sowie grüner Salat und Rukola)

Fernöstliche Fischbratlinge mit Marinade

(2 Portionen, je 200 Kcal)

Zutaten:

- 200 - 220 g Seelachsfilet
  (ohne Haut und Gräten, am Besten frisch; Gefrorenes enthält zuviel Wasser)
- 2 kleine Frühlingszwiebeln
- 8 g Ingwer
- ½ Chilischote
- 1 Knoblauchzehe
- 1 TL Limettensaft
- 1 EL Sojasauce

Zubereitung:

1. Die Frühlingszwiebeln putzen, die weißen und die hellgrünen Teile sehr fein schneiden. Den Ingwer schälen und fein zerhacken. Ebenfalls die Knoblauchzehe und den Chili. Dann alles zusammen kurz trocken anrösten. Mit der Sojasauce ablöschen und bei milder Hitze köcheln bis die Zwiebelringe weich geworden sind *(wenn nötig, etwas Wasser zugeben)*. Von der Herdplatte herunternehmen und beiseite stellen.

2. Das Seelachsfilet waschen und mit Küchenkrepp trocken tupfen. Danach in Würfel schneiden und anschließend mit einem scharfen Messer fein hacken. Mit dem Würzgemüse gut vermengen und mit nassen Händen zu vier kleinen oder zwei größeren Leibern formen. Diese in eine beschichtete Pfanne geben und jede Seite etwa 2 - 3 Minuten lang anbraten, bis sie goldbraun sind.

Für die Marinade:

- abgeriebene Schale einer ½ Limette
- 1 EL Reisessig *(oder Apfelessig)*
- Stevia *(flüssig)*
- etwas Chilipulver
- 2 EL Gemüsefond *(oder Wasser)*
- 1 EL Soja- oder Fischsauce

Zubereitung der Marinade:

Alle Zutaten, außer dem Steviaextrakt, in einem kleinen Kochtopf vermischen und zum Kochen bringen. Vom Herd nehmen und auskühlen lassen. Mit Stevia süßen, abschmecken und servieren.

Feine Miesmuschelsuppe

(1 Portion, 212 Kcal)

Zutaten:

- 100 g Miesmuschelfleisch *(frisch oder TK)*
- 300 g gemischtes Suppengemüse
- 1 Lorbeerblatt
- 0,6 L Wasser
- 1 Schalotte
- 1 EL Blattpetersilie *(gehackt)*
- 1 EL Weißweinessig
- ½ TL Tomatenmark
- 1 Knoblauchzehe
- 1 Prise Muskatnuss
- Salz und Pfeffer

Tipp
Als Beilage eignet sich ein gemischter Salat oder Gemüse, auch roh!

Zubereitung:

1. Das Wasser mit ½ TL Salz in einem Kochtopf zum Kochen bringen. Das grob zerkleinerte Suppengemüse und das Lorbeerblatt zugeben und etwas 30 Minuten lang bei mittlerer Hitze kochen lassen bis es auf die Hälfte reduziert ist. Durch ein Sieb abgießen, den Fond auffangen.

2. Das Miesmuschelfleisch auftauen, beziehungsweise falls es sich um Frisches handelt, in kaltem Wasser gut waschen und abtropfen las-sen. Die Schalotte und den Knoblauch schälen und klein schneiden. In einem kleinen Kochtopf, unter Rühren, trocken anrösten bis es Farbe annimmt. Mit dem Gemüsefond ablöschen, dann das Tomatenmark einrühren und die Zwiebel weich kochen lassen. Das Muschelfleisch nun zugeben und für etwa 2 - 3 Minuten wallend darin kochen lassen. Vom Herd nehmen und mit Muskatnuss, Salz, Pfeffer und Weißweinessig abschmecken. Das Ganze nun mit Blattpetersilie bestreut in einem Suppenteller servieren.

Flusskrebspfanne

(1 Portion, 115 Kcal)

Zutaten:

- 100 g Flusskrebsschwänze
- 10 g Ingwer
- ½ TL Paprika
- 50 ml Gemüsefond
- Salz

Tipp
Dazu schmeckt ein kräftig gewürzter Tomatensalat oder grüner Salat

Zubereitung:

1. Die Flusskrebse in kaltem Wasser durchspülen, dann abtropfen lassen. Ingwer schälen und fein reiben.

2. Eine beschichtete Pfanne gut erhitzen und die Flusskrebse darin unter Rühren 1 Minute lang anbraten. Mit dem Fond ablöschen, Ingwer und Paprika zugeben. Nach einer weiteren Minute mit Salz abschmecken und servieren.

Hähnchenschinken

(2 Portionen, je 148 Kcal)

Zutaten:

- 1 Hähnchenbrustfilet
  (200 - 220 g)
- 3 Zweige Basilikum
- 2 Knoblauchzehen
- 1 TL Paprika
- 1TL Kräutersalz
- Pfeffer
- 2 Rosmarinzweige
- Alufolie oder Backpapier
  mit Küchenzwirn

Tipp
Gelingt sogar ohne Folie oder Papier. Einfach in einem sogenannten "Fettfrei-Grill" bei Niedrigtemperatur von etwa 120° C, ungefähr 50 Minuten lang schmoren lassen

Zubereitung:

1. Das Hähnchenfilet waschen, trockentupfen und das Fett sowie die Sehnen entfernen. Mit Salz, Pfeffer und Paprika einreiben.

2. Auf die Alufolie oder auf einen Bogen Backpapier legen. Darauf die gewaschenen und grob geschnittenen Kräuter und den klein gewürfelten Knoblauch geben. Folie gut zu einem Päckchen falten bzw. Backpapier mit dem Küchenzwirn zu einem kleinen Paket zusammenbinden. In den Backofen bei 140° C und Umluft für ca. 50 Minuten stellen und ordentlich backen lassen.

3. Kontrollieren, ob das Fleisch gut durch ist (Achtung, der heiße Dampf entweicht beim Öffnen des Päckchens). Den Saft abgießen und auffangen. Entweder kalt aufgeschnitten oder heiß im eigenen Saft servieren.

Schweinefiletmedaillons

(1 Portion, 115 Kcal)

Zutaten:

- 3 Scheiben Schweinefilet
  (pariert und ohne Fett; 100 g)
- 1 TL Räuchersalz
- Pfeffer
- Evtl. Estragon

Tipp
Probieren Sie doch einmal die Lauchpfanne von Seite 14 als Gemüsebeilage!

Zubereitung:

1. Die Medaillons waschen, mit einem Küchentuch trocken tupfen. Von beiden Seiten mit dem Räuchersalz und dem Pfeffer würzen.

2. Eine beschichtete Pfanne trocken erhitzen. Die Medaillons von jeder Seite, unter mehrmaligen Wenden, etwa 2-3 Minuten lang anbraten. Wer sie innen nicht rosa haben möchte, brät sie 2 Minuten länger. Anschließend für 3 Minuten in ein Stück Alufolie wickeln, damit das Fleisch Saft ziehen kann und schön zart wird.

3. Dann auswickeln, nach Belieben den gewaschenen Estragon dazu geben und sofort servieren.

Scharfes Kullerfleisch

(1 Portion, 210 Kcal)

Zutaten:

- 100 g Rindfleisch
  (mager, oder Hähnchenbrust)
- 1 EL grüner Pfeffer
- 1 EL Fischsauce
- 1 Chilischote *(rot)*
- 1 Chilischote *(grün)*
- 5 cm Ingwerwurzel
- 1 Stängel Zitronengras
- Stevia *(flüssig)*
- Wasser
- Salz
- 1 EL Currypulver *(scharf)*
  oder Chilipaste *(ohne Öl)*

Tipp
Servieren Sie dazu einen saftigen Salat, zum Beispiel aus Tomaten, da das Fleisch etwas trocken ist und keine Sauce hat

Zubereitung:

1. Das Currypulver mit etwas heißem Wasser zu einer Paste verarbeiten. Den Ingwer schälen und fein zerreiben. Die Chilischoten in möglichst dünne Streifen schneiden. Den hellen Teil vom Zitronengras in feine Stücke schnei-den und im Mörser zerstoßen. Das Fleisch waschen, trocken tupfen und anschließend mit einem ordentlich scharfen Messer in sehr kleine Scheiben schneiden.

2. Currypaste in einer Pfanne scharf anrösten und mit 50 ml Wasser ablöschen. Zitronengras und Ingwer dazugeben. Dabei rühren und weiter braten. Jetzt das gehackte Fleisch und die Chilistreifen zugeben. Ständig weiter rühren, bis das Fleisch gar ist (dauert etwa 5 Minuten). Wenn das Fleisch zu trocken wird, einfach ein wenig Wasser zugeben, aber nicht zu viel (es soll noch in der Pfanne umherkullern; daher der Name)! Nun den grünen Pfeffer mit einrühren. Ungefähr 1 Minute später nach Belieben mit etwas Stevia und Salz abschmecken.

Hähnchenbrust in Mangosauce

(2 Portionen, je 235 Kcal)

Zutaten:

- 200 g Hähnchenbrust
- ½ Mango
- 2 Zweige Rosmarin
- 1 Zweig Estragon
  (alternativ Koriandergrün)
- 2 cm Ingwer
- ½ Beet Kresse
- 1 Zitrone *(bio)*
- Salz und Pfeffer

Achtung
An diesem Tag weitere Früchte weglassen!

Zubereitung:

1. Das Fleisch waschen und trocken tupfen, danach salzen und pfeffern. In einer beschichteten Pfanne von beiden Seiten je 1 Minute lang anbraten. Rosmarin waschen, trocken schütteln und die Nadeln abzupfen. Rosmarin und Estragon in eine Auflaufform (die mit einem Deckel verschlossen werden kann) legen. Das zart angebräunte Fleisch darauf legen.

2. Die Mango schälen und um den Kern herum das Fruchtfleisch heraustrennen. In Stücke schneiden und auf das Hähnchen platzieren. Obenauf die fein geschnittene Zitronenschale legen. Mit dem Deckel verschließen und für 40 Minuten in den, auf 130° C vorgeheizten Backofen, geben. Ausschalten und 5 Minuten lang ruhen lassen.

3. Auskühlen lassen, dann weiter verarbeiten zu einer kalten Mahlzeit oder sofort, heiß aufgeschnitten mit Kresse bestreut und der Sauce servieren.

Mangosauce:

Die Brust aus der Form nehmen und beiseite stellen. Den Estragon entfernen. Die gebratene Mango und allesAndere aus der Auflaufform, in eine Rührschüssel füllen. Zitrone auspressen und den Saft zufügen. Ingwer schälen und mit einer Reibe hinein reiben. Mit einem Mixstab cremig pürieren. Mit Salz und Pfeffer abschmecken und heiß oder auch kalt zur Hähnchenbrust servieren.

Hähnchen-Spargel-Pfanne

(2 Portionen, je 135 Kcal)

Zutaten:

- 250 g frischer Spargel
  (weiß oder grün)
- 220 g Hähnchenbrust
- 150 ml Wasser
- frische Kresse
- 1 TL Gemüsebrühe *(ohne Geschmacksverstärker)*
- Muskat, Salz und Pfeffer

Tipp

Variante: Braten Sie noch ½ rote Paprika und 1/2 Stange Stangensellerie pro Portion zusammen mit dem Spargel (siehe Abbildung)

Zubereitung:

1. Die Hähnchenbrust waschen und in dünne Streifen schneiden. In einer Pfanne mit etwas Wasser kurz braten, bis sie zwar durchgegart aber nicht trocken sind. Herausnehmen und beiseite stellen.

2. Den Spargel waschen, die Abschnitte wegschneiden und großzügig schälen (weißen Spargel, Grünen nur im unteren Drittel). In 2 cm lange Stücke schneiden und in dem Bratensaft ca. 8 - 10 Minuten dünsten bis er noch ganz leicht bissfest ist. Das gebratene Fleisch wieder zugeben und darin erhitzen.

3. Alles mit der Brühe, Salz, Pfeffer und Muskatnuss würzen und abschmecken, evtl. etwas Wasser zugeben. Mit der Kresse bestreut servieren.

Schweinefilet in der Bratfolie

(2 Portionen, je 190 Kcal)

Zutaten:

- 250 g Schweinefilet
- 1 Schalotte
- 1 Knoblauchzehe
- 2 Tomaten
- 200 g Gemüse *(z. B.: Zuckerschoten, Zucchini, Aubergine, Champignons)*
- 1 Zweig Rosmarin
- Salz
- Pfeffer
- Paprikapulver *(edelsüß)*
- Bratschlauch *(ca. 40 cm)*
- 100 ml Gemüsefond

Zubereitung:

1. Schweinefilet waschen, Sehnen sowie jedes Fett wegschneiden. Salzen und pfeffern und in einer trockenen, beschichteten Pfanne von allen Seiten kurz anbraten. In den Bratschlauch geben und eine Seite gut zubinden. Schalotte und Knoblauch schälen und klein würfeln, dann zum Fleisch geben.

2. Gemüse waschen, putzen und in mittelgroße Stücke schneiden. Rosmarin und Paprika zugeben und mit dem Fond auffüllen. Den Brat-schlauch an beiden Enden zubinden und in eine Auflaufform heben. Im vorgeheizten Backofen bei 180° C Grad etwa 30 Minuten lang braten lassen.

3. Herausnehmen und die Folie vorsichtig aufschneiden (Vorsicht: sehr heiße Luft entweicht!). Die Fleischsoße mit dem Gemüse in eine Servierschüssel geben, evtl. noch nachwürzen mit Salz oder Pfeffer. Das Fleisch in Scheiben schnei-den, auf zwei Portionen aufteilen und servieren.

Rosenkohleintopf

(2 Portionen, je 250 Kcal)

Zutaten:

- 200 g Putenbrust
- 200 g braune Champignons
- 300 g Rosenkohl, geputzt
- 1 Knoblauchzehe
- 1 TL Gemüsebrühpulver
  (entfettet, ohne Hefe)
- Muskatnuss
- 1 Prise Räuchersalz
- Salz und Pfeffer

Tipp

Blähungen beim Kochen von Kohl kann man verhindern, indem man zum Kochwasser eine Messerspitze voll Natron gibt. Auch Kreuzkümmel oder Kümmel helfen!

Zubereitung:

1. Die Putenbrust waschen und mit Küchenpapier leicht trocken tupfen. In Würfel aufschneiden. Den Knoblauch schälen und sehr fein hacken. Die Champignons mit Wasser kurz abspülen und vierteln. Stielansätze der geputzten Rosenkohlröschen kreuzweise einschneiden, damit sie gleichmäßiger durchgaren.

2. Eine beschichtete Pfanne erhitzen. Die Putenbrust mit dem Räuchersalz bestreuen und in der Pfanne von allen Seiten unter ständigem Rühren 4 Minuten lang braten. Herausnehmen und auf einen Teller geben, beiseite stellen.

3. Rosenkohl, gehackten Knoblauch und die Champignons in die heiße Pfanne geben und 1 Minute lang darin Farbe annehmen lassen. Mit 150 ml Wasser ablöschen. Das Gemüsebrühpulver einrühren. Abgedeckt bei mittlerer Hitze weich kochen lassen (nach 15 – 20 Minuten mit einem Messer anstechen, ob der Rosenkohl gar ist).

4. Das Putenfleisch wieder zugeben und kurz erhitzen lassen. Mit Muskatnuss, Salz und Pfeffer abschmecken und servieren.

Hühnchensuppe auf Thai-Art

(3 Portionen, je 170 Kcal)

Zutaten:

- 300 g Hähnchenbrustfilet
- ½ Zwiebel
- 1 Stange Sellerie mit Blattgrün
- 1 Karotte *(groß)*
- 1 Petersilienwurzel
- 5 cm Ingwerstück
- Salz
- Pfeffer
- 4 Rosmarinnadeln
- 100 ml Geflügelfond *(entfettet)*

Zubereitung:

1. Sellerie waschen, das Blattgrün entfernen und beiseite stellen. Selleriestange in dünne Scheiben schneiden, Zwiebel schälen und fein klein schneiden, ebenso die geschälte Karotte. Die Petersilienwurzel sowie den geschälten Ingwer klein schneiden.

2. Zwiebel und Petersilienwurzel in einen Kochtopf geben und kurz trocken anrösten. Mit dem Suppenfond ablöschen. Ingwer, Selleriestücke und Karotte hinzugeben. Nun 400 ml Wasser zugeben und alles 8 Minuten bei guter Hitze kochen lassen. In der Zwischenzeit das Hähnchenfilet waschen, Fett entfernen und in dünne Scheiben, quer zur Faser, schneiden. In die Gemüsebrühe geben und für ca. 4 Minuten mitkochen lassen.

3. Rosmarinnadeln klein schneiden und einrühren. Alles mit Salz und Pfeffer abschmecken. Mit dem kleingezupften Selleriegrün servieren.

Serotoninteller

(1 Portion, 265 Kcal)

Zutaten:

- 100 g Eismeergarnelen
- ½ Mango *(nicht sehr reif)*
- ¼ rote Paprika
- 1 EL Zitronensaft
- 2 cm Ingwer
- 4-5 Blätter frisches Koriandergrün *(alternativ Basilikum, Schnittlauch oder Kresse)*
- Salz und Pfeffer

Tipp
Genießen Sie frische Erdbeeren dazu (3 - 4 Früchte ergeben etwa 100 g)

Zubereitung:

1. Mango schälen, Kern auslösen, in kleine Würfel schneiden. Paprika waschen, putzen und ebenfalls fein würfeln. Garnelen mit kaltem Wasser abwaschen und trocken schütteln. Mit den geschnittenen Würfeln in einen tiefen Teller oder eine Schale geben. Den Ingwer schälen und mit einer Käsereibe darüber reiben.

2. Zitronensaft und Korianderblätter zugeben und alles gut durchmischen. Mit Salz und Pfeffer abschmecken.

3. Vor dem Verzehr möglichst noch 10 Minuten im Kühlschrank ziehen lassen.

Krabbensalat

(1 Portion, 140 Kcal)

Zutaten:

- 100 g Nordseekrabben
  (frisch, gepult)
- ¼ Eisbergsalat
- 4 Radieschen
- ¼ Kressebeet
- 2 EL Apfelessig
- 2 EL Kalter Gemüsefond
  (fettfrei) oder Wasser bzw.
  Ingwertee
- Kräutersalz und Pfeffer

Zubereitung:

1. Die Krabben unter kaltem Wasser gut abwaschen, ausschütteln und in eine große Schüssel geben. Mit Essig und Fond oder Tee marinieren.

2. Den Salat waschen und in feine Streifen, die Radieschen in Stifte schneiden. Alles zusammen mit der Kresse zu den frischen Krabben geben.

3. Alles gut durchmischen und mit Kräutersalz und Pfeffer würzen.

Gefüllte Paprikaschoten

(2 Portionen, je 260 Kcal)

Zutaten:

- 150 g Rindertatar *(mager)*
- 2 mittelgroße Paprikaschoten
- 1 Schalotte
- 1 Stange Sellerie
- 150 g Weißkohlblätter
- 1 TL Paprikapulver
- ½ Dose Tomaten, gewürfelt *(ohne Zuckerzusatz)*
- 75 ml Gemüsefond
- ¼ TL Kümmel *(gemahlen)*
- 1 TL Oregano
- Salz und Pfeffer

Zubereitung:

1. Schalotte und Selleriestangen putzen und klein würfeln. Weißkohl waschen und in feine Streifen schneiden. Alles in einer Pfanne ohne Fett aber dafür mit 2 EL Fond 5 Minuten lang anbraten. Dann Tatar hinzugeben und ebenfalls leicht anbraten. Mit Kümmel, Oregano, Paprikapulver, Salz und Pfeffer würzen und anschließend beiseite stellen.

2. Paprikaschoten waschen, die oberen 2 cm quer abschneiden und das Innere aushöhlen. Mit der Tatar-Gemüsemischung füllen und den oberen Paprikateil wie ein Deckel obenauf setzen.

3. In einen kleinen Kochtopf oder eine beschichtete Pfanne geben (am einfachsten ist es, wenn die Paprikaschoten darin stehend garen können). Die Dosentomaten zugeben und den restlichen Fond, so dass die Paprikas etwa zur Hälfte bedeckt sind. Bei milder Hitze abgedeckt 30 Minuten lang köcheln lassen. Dabei darauf achten, dass nichts anbrennt. Mit Salz und Pfeffer die Soße abschmecken und servieren.

Gebratenes Rindersteak auf Spargel-Pilz-Pfanne

(1 Portion, 250 Kcal)

Zutaten:

- 250 g Spargel
- 100 g Rinderhüftsteak
- ¼ Paprika *(rot)*
- 100 g Champignons *(braun)*
- 150 ml Fond *(Pilz-, Gemüse- oder Fleischfond ohne Fett)*
- 1 Zweig Rosmarin
- 1 Schalotte *(klein)*
- 1 Steviatabs
- 1 TL Salz
- 1 Chili *(getrocknet)*
- Pfeffer

Zubereitung:

1. Den Spargel waschen, etwa ½ cm der Ab-schnitte entfernen und die Stangen nun sauber schälen. In etwa 3 cm lange Stücke schräg abschneiden.

2. Die Champignons kurz abwaschen und vierteln. Mit den abgezupften Rosmarinnadeln in einer etwas tieferen, beschichteten Pfanne kurz trocken anrösten lassen. Dann mit 100 ml Fond aufgießen und köcheln lassen. Die Chili zerkleinern und hinzufügen. Die Spargelstücke zugeben und bei niedriger Hitze weiterhin für etwa 10 Minuten simmern lassen, bis der Spargel schön weich ist und zugleich noch etwas an Biss besitzt. Mit Salz und Stevia abschmecken.

3. Die Schalotte abziehen und sehr fein würfeln. Eine kleine beschichtete Pfanne erhitzen um dort die Scha-lottenwürfel trocken anzurösten. Mit restlichem Fond ablöschen. In der Zwischenzeit das Hüftsteak waschen, trocken tupfen und in feine Streifen schneiden. Salzen, pfeffern und in die kleine Pfanne geben. Beidseitig je 2 Minuten lang braten lassen.

4. Das Paprikastück waschen und in sehr dünne und lange Streifen schneiden. Zusammen mit der Spargel-Champi-gnon-Pfanne und den Steakstreifen servieren.

Tomaten mit Hähnchenbrust

(2 Portionen, je 210 Kcal)

Zutaten:

- 3 Tomaten *(mittelgroß und aromatisch)*
- 1 Zwiebel
- 1 Knoblauchzehe
- 100 ml Hühnerfond
- 1 EL Paprikapulver *(edelsüß)*
- 1 TL Paprikapulver *(rosenscharf)*
- 220 g Hähnchenbrust
- Salz und Pfeffer
- 1 Zweig Rosmarin
- 1 Zweig Thymian

Zubereitung:

1. Das Hähnchenfleisch waschen, Fett und Sehnen abschneiden und das Fleisch in etwa gleich lange Streifen schneiden. Mit etwas Salz, und beiden Paprikasorten, 10 Minuten lang marinieren lassen.

2. Mit einem scharfen Messer in die Tomaten von oben und unten je ein Kreuz einschneiden. Dann in kochendem Wasser 1 Minute lang blanchieren, herausheben und in eiskaltem Wasser abschrecken. Die Haut abziehen, soweit sie nicht von selbst abgegangen ist und die Tomaten vierteln.

3. Die Zwiebel und die Knoblauchzehe fein schneiden und in einer beschichteten Pfanne kurz trocken anrösten lassen. Die Tomatenwürfel, den Rosmarin und Thymian zugeben. Fond zugießen und abgedeckt bei mittlerer Hitze 10 Minuten lang sanft schmoren lassen. Anschließend mit Salz und Pfeffer abschmecken. In der Zwischenzeit das Hähnchenfleisch in einer zweiten beschichteten Pfanne sanft von beiden Seiten anbraten, dann mit dem restlichen Fond aufgießen und wenige Minuten lang bei mittlerer Hitze ziehen lassen. Das Hähnchenfleisch mit der Tomaten-sauce anrichten.

Scharfes
Ingwer-Chili-Hähnchen

(2 Portionen, je 210 Kcal)

Zutaten:

- 240 g Hähnchenbrustfilet
- 80 Stangensellerie
  (geputzt)
- 100 g Shiitakepilze *(frisch)*
- ½ Paprika
- 3 Stangen Spargel
- 2 cm Ingwer
- 2 Knoblauchzehen
- 1 Chilischote
- 1 TL Gemüsebrühpulver
  (hefefrei)
- 150 ml Gemüsefond
  (fettfrei)
- evtl. Kräutersalz

Zubereitung:

1. Das Hähnchenfleisch waschen, trocken tupfen, Fett abschneiden und quer zur Faser in feine Streifen schneiden.

2. Ingwer und Knoblauch schälen und in kleine Würfelchen schneiden.

3. Stangensellerie, Paprika und Spargel waschen, dann putzen. Spargel gut schälen und alles in dünne Stücke schneiden. Pilze waschen, putzen und vierteln. Chili in dünne Streifen schneiden.

4. Fleisch mit Ingwer- und Knoblauch-würfeln und dem Chili in die heiße, beschichtete Pfanne geben und für 3 Minuten bei starker Hitze unter ständigem Rühren anbraten. Pilze zugeben sowie nach weiteren 2 Minuten das restliche Gemüse. Den Fond zugießen und 5 Minuten bei starker Hitze kochen lassen. Mit dem Brühpulver und eventuell etwas Kräutersalz abschmecken.

Japanische buntePfanne

(3 Portionen, je 175 Kcal)

Zutaten:

- 2 Spitzpaprika
  (ca. 150 g)
- 150 g Champignons
- 200 g Zucchini
- 350 g Hähnchenfilet
- 200 g Shirataki-Nudeln
  (Abtropfgewicht)
- 1 Knoblauchzehe
- 1 Schalotte
- 4 EL Sojasauce *(japanische)*
- 1 Chilischote *(klein, (frisch oder getrocknet)*
- 1 TL Miso *(nach Belieben)*
- 100 ml Gemüsefond oder Wasser
- evtl. frisches Basilikum

Achtung

Wer sich genau an die HCG Methode hält, lässt die Shirataki-Nudeln weg. Sie haben jedoch keine Kohlehydrate und (so gut wie keine) Kalorien, eignen sich somit sehr gut um etwas Abwechslung in den Diätalltag zu bringen. Hergestellt werden sie traditionellerweise aus dem Mehl der Konjakwurzel. Ihre Konsistenz ist leicht gummiartig. Sie sind glasig und ziemlich geschmacksneutral. Man erhält sie im Asiahandel.

Zubereitung:

1. Das Hähnchen waschen, Fett entfernen und das Fleisch klein schneiden. Schalotte und Knoblauchzehe schälen und fein würfeln. In einem (am Besten beschichteten) Wok oder einer Pfanne trocken anbraten, nach etwa 1 Minute das Fleisch dazugeben und 3 Minuten lang bei starker Hitze unter Rühren braten. Mit 1 EL Sojasauce und dem Wasser oder Fond ablöschen und 2 Minuten lang weiter kochen. In einen Teller geben und beiseite stellen.

2. Paprika, Champignons und die Zucchini waschen und putzen. Die Paprika mit einem Messer längs in dünne Streifen schneiden. Die Champignons in Scheiben schneiden, Zucchini würfeln.

3. Die Zucchini nun im heißen Wok 3 Minuten lang unter Rühren trocken anrösten, dann Paprika und Pilze zugeben. 2 Minuten lang weiter kräftig anbraten, mit 2 EL Sojasauce ablöschen. Temperatur zurückstellen und einen Deckel darauf geben. 5 - 7 Minuten lang dünsten.

4. Die Nudelpackung aufschneiden, in ein Sieb geben und das Wasser abschütten. Mit viel kaltem Wasser waschen, damit der Geruch abgespült wird. Ist das Gemüse weich (oder noch etwas bissfest), gibt man die Nudeln und das gebratene Fleisch in die Gemüsepfanne. Durchmischen und nochmals 1 - 2 Minuten kochen, mit dem gewaschenen Basilikum servieren.

Apfelfrikadellen

(3 Portionen, je 200 Kcal)

Zutaten:

- 300 g Rindertatar oder Hühnchenhackfleisch
- 1 Schalotte
- 1 cm Ingwer
- ½ Apfel
- 1 Eiweiß
- 1 TL Currypulver
- Salz und Pfeffer
- 1 Dose Tomaten *(200 g)*
- 1 Chilischote
- 1 TL Oregano
- 1 Messerspitze Zimtpulver
- 1 TL Gemüsebrühpulver *(fettreduziert, ohne Hefeextrakt)*
- etwas Stevia

Tipp
Dazu passt ein einfacher Blattsalat oder gekochter Spinat

Zubereitung:

1. Apfel schälen und fein würfeln. Schalotte und Ingwer ebenfalls schälen und fein schneiden. Apfel-, Schalotten- und Ingwerwürfelchen mit dem Hackfleisch und dem Eiweiß verkneten, mit Currypulver, Salz und Pfeffer würzen.

2. Aus der Masse 6 Hackfleischbällchen formen. In eine hitzefeste Form geben und im vorgeheizten Backofen (200° C) bei mittlerer Schiene etwa 20 Minuten lang backen.

3. In der Zwischenzeit die Tomaten aus der Dose mit dem Gemüsebrühpulver und der kleingeschnittenen Chilischote in einen Kochtopf geben. Zum Kochen bringen und mit dem Pürierstab fein mixen. Würzen und mit Salz und Stevia abschmecken. Bis die Frikadellen gar sind, leicht weiterköcheln lassen.

4. Die fertigen Apfelfrikadellen aus der Form nehmen und mit der Tomaten-sauce servieren. 2 Stück ergeben eine Portion.

Putenschaschlik

(2 Portionen, je 300 Kcal)

Zutaten:

- 220 g Putenbrust
- ½ Paprika *(rot oder gelb)*
- 2 Schalotten oder 2 rote Zwiebeln *(klein)*
- 2 Tomaten *(mittelgroß)*
- 100 ml Orangensaft *(frisch gepresst)*
- 100 ml Gemüsefond
- 1 Knoblauchzehe
- 10 Korianderkörner
- 2 EL Koriandergrün oder Basilikum *(frisch)*
- 1 TL Paprikapulver
- 1 Prise Cayennepfeffer und Salz
- 2 Schaschlikspieße

Zubereitung:

1. Die Putenbrust abwaschen, trocken tupfen und Fett entfernen. In 8 möglichst gleichgroße Würfel schneiden. Aus dem Paprikapulver, dem Cayennepfeffer, den gemörserten Korianderkörnern, der kleingeschnittenen Knoblauchzehe und dem Orangensaft eine Marinade anrühren und die Fleischstücke damit begießen. 30 Minuten im Kühlschrank ziehen lassen.

2. Die Paprika waschen und in 10 gleichgroße Stücke schneiden. Die Schalotten vierteln. Das Putenfleisch nach der Ruhezeit aus der Marinade nehmen und abwechselnd mit den Paprika- und den Zwiebelstücken auf zwei Spieße stecken. Rundherum salzen.

3. In einer passenden, beschichteten Pfanne ohne Fett von allen Seiten anbraten (8 - 10 Minuten). Die Tomaten waschen und in kleine Würfel schneiden, um die Spieße herum in die Pfanne schichten, mit der restlichen Marinade und dem Gemüsefond begießen. Zugedeckt in der Pfanne weitere 30 Minuten lang schmoren lassen, dabei öfters wenden oder alternativ in den vorgeheizten Backofen geben und ebenfalls abgedeckt 25 Minuten bei 180° C fertig backen.

4. Die fertigen Spieße mit dem Koriandergrün bzw. den Basilikumblättern bestreut servieren.

Schmorzucchini

(1 Portion, 280 Kcal)

Zutaten:

- 300 g Zucchini
- 100 g Karotten
- ½ rote Paprika
- 75 g fettarmes Putenschnitzelfleisch oder Kassler
- 100 ml Gemüsefond
- 1 Zwiebel *(klein)*
- 1 TL Senf
- 1 TL Oregano
- Pfeffer
- Salz

Tipp
Dazu passt ein einfacher Blattsalat oder gekochter Spinat

Zubereitung:

1. Die Zucchini waschen, vierteln und in mundgerechte Stücke schneiden. Paprika und Karotten ebenfalls waschen, putzen und in Stücke schneiden. Putenfleisch würfeln (etwa 1 x 1 cm).

2. Zwiebel klein schneiden und ohne Fett kurz anrösten. Fleisch zugeben und 2 Minuten lang unter Rühren durchbraten. Die Zucchini, Paprika und Karotten zugeben und mitbraten, nach 5 Minuten den Gemüsefond einrühren. Senf, Oregano und etwas Pfeffer zugeben und solange schmoren lassen, bis das Gemüse angenehm weich ist. Mit Salz abschmecken und danach servieren.

Kalbstafelspitz
mit Wasabisauce

(5 Portionen, je 235 Kcal, Fleisch und Fond portionsweise einfrieren!)

Zutaten:

- 500 g Kalbstafelspitz
- 2 Schalotten
- 1 Knoblauchzehe
- 1,2 L Gemüsebrühe
- 1 TL Tomatenmark
- 2 EL Suppengemüse
  (getrocknet)
- 500 g Petersilienwurzeln
- 5 Wacholderbeeren
- 3 Nelken
- 1/3 TL Korianderkörner
- 1/3 TL Pfefferkörner
- 1 TL Meersalz oder
  Kräutersalz
- 1 Döschen Wasabipulver
  oder 2 TL Wasabi aus der
  Tube

Tipp

*Kalbstafelspitz
lässt sich sehr gut
am Vortag zubereiten
und dann in der Brühe
schnell aufwärmen*

Zubereitung:

1. Den Tafelspitz waschen, Haut, Sehnen und Fett sorgfältig entfernen. Das ganze Stück in einer beschichteten Pfanne von beiden Seiten jeweils 2 Minuten lang anbraten. Herausheben und in einen mittelgroßen Kochtopf geben.

2. Die Schalotten schälen und in Scheiben schneiden. In den Bratensatz geben und unter Rühren anbraten lassen, mit 200 ml der Brühe ablöschen. Tomatenmark einrühren, die Knoblauchzehe anpressen und im Ganzen zufügen. Nach 3 Minuten über das Fleisch in den Kochtopf gießen. Die Petersilienwurzeln waschen, von beiden Seiten die Enden abschneiden und schälen. Vierteln und dem Fleischtopf zufügen.

3. Wacholderbeeren, Koriander und Pfeffer im Mörser grob zerstoßen und zusammen mit den Nelken und dem Trockensuppengemüse dem Fleisch zugeben. Mit der restlichen Gemüsebrühe (bis auf 50 ml) aufgießen. Zum Kochen bringen und 70 Minuten ohne Deckel bei mittlerer Hitze köcheln lassen.

4. Das Wasabipulver in ein Schüsselchen geben und mit der kalten Gemüsebrühe glattrühren, 5 Minuten lang ziehen lassen. Den Tafelspitz nach der Kochzeit aus der Brühe nehmen und quer zur Faser in Scheiben schneiden. Die Brühe mit Salz abschmecken und durch ein Sieb schütten. Die Petersilienwurzeln dabei herausnehmen und pro Portion etwa 1/5 zum Fleisch anrichten. Das Fleisch mit etwas Brühe aufgießen und mit der Wasabisauce zum Tunken servieren.

Tintenfisch mit Grilltomaten und Zucchini

(2 Portionen, je 190 Kcal)

Zutaten:

- 200 g Kalamarituben oder Ringe *(nicht paniert)*
- 3 Frühlingszwiebeln
- 200 g Tomaten am Zweig
- 200 g Zucchini
- 100 ml Hühnerbrühe *(entfettet)*
- 3 Knoblauchzehen
- 1 TL Apfelessig oder Zitronensaft
- 3 Zweige Thymian
- 2 EL Blattpetersilie *(gehackt)*
- Kräutersalz
- Pfeffer

Zubereitung:

1. Backofen vorheizen auf 200° C Oberhitze. Die Tomaten waschen und vorsichtig trocken schütteln. In eine feuerfeste Ofenform geben, mit Salz und 2 angedrückten Knoblauchzehen würzen. Anschließend mit 50 ml Brühe begießen. Im Ofen nun etwa 30 Minuten lang gar backen.

2. Zucchini waschen, trocken tupfen und in 5 cm lange Streifen schneiden. Auf einen Teller geben und gut salzen, damit sie Wasser ziehen können. Nach 10 Minuten die Flüssigkeit abtupfen, und die Zucchini mit 1 kleingeschnittenen Knoblauchzehe in einer beschichteten Pfanne trocken 3 Minuten lang unter Rühren anbraten. Mit 50 ml Brühe ablöschen, 1 Thymianzweig zugeben. Bei milder Hitze gar braten. Mit Salz und Pfeffer abschmecken.

3. Die Kalamari in kaltem Wasser gut durchspülen, putzen und in 0,5 cm breite Streifen schneiden. Die Frühlingszwiebeln waschen, den weißen und hellgrünen Teil in feine Streifen schneiden. Die Blättchen der beiden anderen Thymianzweige abstreifen und fein hacken. Die Kalamariringe in einer Pfanne trocken anbraten. Nach 1 Minute die Frühlingszwiebelstücke hineingeben und weitere 3 - 4 Minuten lang unter Rühren braten lassen. Den Thymian und die Petersilie damit vermischen, den Apfelessig (oder Zitronensaft) darüber geben, mit Salz und Pfeffer würzen und abschmecken.

4. Kalamari auf zwei Portionen verteilen, dazu die geschmorten Zucchini und die Grilltomaten servieren.

Exotische Fischpfanne
mit Bohnen

(1 Portion, 190 Kcal)

Zutaten:

- 100 g Zanderfilet *(ohne Haut)*
- ½ rote Zwiebel
- 100 g Bohnen *(grün)*
- 100 g Zwetschgen
- 50 ml Gemüsefond oder Fischfond
- 2 EL Sojasauce *(hell)*
- 1 Kardamomsamen
- 8 Koriandersamen
- 1 EL Basilikum *(evtl. Thai-Basilikum)* oder Koriandergrün
- 1 Chilischote

Achtung
Dieses Gericht enthält bereits die erlaubte Menge an Früchten für eine Mahlzeit!

Zubereitung:

1. Die Bohnen waschen, putzen und in 3 cm lange Stücke schneiden. 1 Liter Salzwasser zum Kochen bringen und die Bohnenstücke darin 6 - 8 Minuten lang wachsweich garen. Durch ein Sieb abgießen und mit kaltem Wasser abschrecken.

2. Die Zwiebelhälfte in feine Ringe schneiden. Die Zwetschgen waschen, entkernen und in schmale Spalten schneiden. Den Fisch waschen und mit Küchenkrepp trocken tupfen. In 2 x 2 cm große Würfel schneiden, salzen, pfeffern. Kardamom- und Koriandersamen im Mörser reiben.

3. Eine beschichtete Pfanne erhitzen, die gemörserten Gewürze und die Chilischote nur kurz darin anrösten. Die Zwiebeln zugeben und nach 1 Minute die Fischwürfel. Unter Rühren 1 weitere Minute durchbraten. Nun die Zwetschgenspalten zufügen und alles nochmals 2 Minuten lang garen. Mit dem Fond ablöschen. Die gekochten Bohnen zufügen und mit Sojasauce abschmecken. Basilikum fein hacken.

4. Die fertigen Spieße mit dem Koriandergrün oder den Basilikumblättern bestreut servieren.

Ingwergarnelen mit Chinakohl

(2 Portionen, je 185 Kcal)

Zutaten:

- 250 g Garnelen
  (frisch oder getaut)
- 10 g Ingwer
- 1 Prise
  Zitronenschalenabrieb
- 1 EL Zitronensaft
- 150 g Chinakohl
- 50 ml Hühnerbrühe
- 1 EL Sojasauce
- Muskat, Salz und Pfeffer

Tipp

Variante: Braten Sie noch ½ rote Paprika und 1/2 Stange Stangensellerie pro Portion zusammen mit dem Spargel (siehe Abbildung)

Zubereitung:

1. Die Garnelen waschen und mit Küchenpapier leicht trocken tupfen. Den Ingwer schälen und sehr fein hacken. Den Zitronenschalenabrieb, Zitronensaft und Sojasauce mit den Ingwerwürfeln zu den Garnelen geben. Alles gut vermischen und 10 Minuten lang marinieren.

2. Den Chinakohl abwiegen, dabei äußere Blätter vorher entfernen. Gut waschen, trocken schütteln und in feine Streifen schneiden.

3. Eine beschichtete Pfanne erhitzen und die marinierten Garnelen darin trocken 1 Minute lang unter Rühren anbraten. Mit der Hühnerbrühe ablöschen und 2 weitere Minuten erhitzen. Mit Muskatnuss, Salz und Pfeffer abschmecken.

4. Die Chinakohlstreifen mit den heißen Garnelen kurz vermischen und servieren.

Orangen-Sorbet

(2 Portionen, je 30 Kcal)

Zutaten:

- 2 Orangen
  oder Blutorangen
- Steviaextrakt *(oder
  1 Tablette, zerdrückt)*

Zubereitung:

1. Die Orangen auspressen und den Saft abmessen. Man sollte etwa 200 ml Saft erhalten, dem nun das Fruchtfleisch, das noch in der Presse hängt, nach Belieben wieder untergerührt werden kann.

2. Das Ganze noch mit Stevia süßen, so dass man es einen Tick als übersüßt empfindet.

3. Nun in die Eismaschine für etwa mind. 25 - 30 Minuten geben. Alternativ füllt man den Saft in eine runde Schüssel, stellt diese für 4 - 5 Stunden in den Gefrierschrank und rührt jede Stunde die Masse einmal durch, bis das Eis fest ist. So erhält man eine etwas grobkristalline, aber sehr fruchtige und erfrischende Granita.

Ayurvedische Apfelringe

(1 Portion, 120 Kcal)

Zutaten:

- 1 säuerlicher Apfel
- ¼ TL Zimtpulver
- 1 Prise Muskatnuss
- 2 ganze oder 1 Prise gemahlene Gewürznelken
- 1 Sternanis
- Schwarzer Pfeffer
- Steviaextrakt

Zubereitung:

1. Den Apfel waschen, schälen und das Kernhaus entfernen. In ca. ½ cm dicke Ringe schneiden. Eine beschichtete Pfanne erhitzen. Den vorher zerdrückten Sternanis hineingeben. Die Apfelscheiben darauf geben und bei voller Hitze von beiden Seiten 2 Minuten lang anbraten.

2. Jetzt 2 EL Wasser zugeben. Die Gewürznelken im Mörser fein reiben, die Gewürze vermischen und über die Äpfel verteilen. Nach Belieben mit dem Stevia süßen.

3. Den Herd ausschalten und nochmals eine Minute lang braten lassen. Auf einem Teller anrichten und mit der Flüssigkeit aus der Pfanne beträufeln, dann servieren.

Rhabarbermus

(2 Portionen, je 250 Kcal)

Zutaten:

- 1 Stange Rhabarber
- 1 Birne
- 50 ml Wasser
- 1 TL Zimtpulver
- ½ Vanillestange
- Stevia

Tipp

Dazu passt 120 g glatt gerührter und mit Stevia gesüßter Magerquark oder körniger Frischkäse, sofern man eine volle Mahlzeit daraus machen möchte und kein weiteres Eiweiß mehr zu sich nimmt

Zubereitung:

1. Rhabarber waschen und die dünne Haut abziehen (so wird er bekömmlicher, weil sich in der äußersten Hautschicht die meiste Oxalsäure befindet). In grobe Stücke schneiden und in einen Kochtopf geben. Wasser zugeben und bei mittlerer Hitze zum Kochen bringen.

2. In der Zwischenzeit die Birne waschen, schälen und das Kernhaus entfernen. In Stücke schneiden und dem Rhabarber beigeben.

3. Vanillestange aufschlitzen und das Mark herauskratzen. Beides zu den Früchten geben und das Zimtpulver einrühren. Sanft abgedeckt köcheln lassen, bis alles weich ist (etwa 5 weitere Minuten), dabei eventuell etwas Wasser nachgeben wenn es anzubrennen droht. Vanillestange entfernen und das Mus mit einem Pürierstab fein aufmixen. Mit Stevia nach Geschmack süßen. Entweder kalt oder noch lauwarm essen.

Himbeerhimmel

(1 Portion, 86 Kcal)

Zutaten:

- 120 g Himbeeren
  (frisch oder TK)
- 2 Eiweiß
- Stevia
- ½ TL Zitronenschalen-abrieb
- 1 TL Zitronensaft
- 1 cm Ingwer
- 1 Prise Salz

Achtung:
Die Eiweißmahlzeit zu diesem Nachtisch auf die Hälfte reduzieren

Zubereitung:

1. Ingwer schälen und fein reiben. Die Himbeeren in einen kleinen Kochtopf geben. Werden Tiefkühl-Früchte verwendet, ist keine weitere Flüssigkeit nötig, bei frischen Früchten gibt man 50 ml Wasser mit dazu.

2. Nun den geriebenen Ingwer und die Zitronenschale unterrühren und 3 Minuten lang sanft erhitzen, aber nur ganz leicht köcheln lassen. Mit Stevia leicht süßen und in eine feuerfeste Form geben. Den Grill vorheizen.

3. Das Eiweiß mit einem Spritzer Zitronensaft und 1 Prise Salz dem Schneebesen oder Handrührgerät sehr steif schlagen, bis man es mit einem scharfen Messer schneiden kann. Mit Stevia leicht süßen. Den Eischnee dann wie eine Haube auf den Himbeeren verteilen und im Grill 2 - 3 Minuten lang überbacken, bis der Eischnee Farbe annimmt. Herausnehmen und genießen.

Gewürz-Grapefruit

(1 Portion, 145 Kcal)

Zutaten:

- 1 Grapefruit
- 150 ml Orangensaft *(frisch gepresst oder Direktsaft, ohne Zucker)*
- 1 Sternanis
- 1 Kardamomkapsel
- 1 TL Orangenblütenwasser *(nach Belieben)*

Zubereitung:

1. Den Orangensaft mit den zerkleinerten Gewürzen zum Kochen bringen und bei niedriger Hitze alles ein paar Minuten lang auf die Hälfte reduzieren.

2. In der Zwischenzeit die Grapefruit schälen und sorgsam filetieren (die weißen Häute herausschneiden). Den Orangensud durch ein Sieb geben und zusammen mit den Grapefruitfilets nochmals kurz aufkochen. Nach 2 Minuten vom Herd nehmen und sofort heiß oder später ausgekühlt servieren.

Papaya-Limetten-Carpaccio

(1 Portion, 100 Kcal)

Zutaten:

- 300 g reife Papaya
- ½ Limette *(unbehandelt oder Bio)*
- 5 Minzblätter
- etwas Pfeffer *(frisch gerieben)*

Zubereitung:

1. Die Papaya schälen und die Kerne mit einem Löffel herauskratzen. Das Fruchtfleisch nun in sehr feine Streifen schneiden. Danach die Limette heiß abwaschen und trocken reiben. Die Schale einer Limettenhälfte fein abreiben. Den Saft der Limette auspressen und die Papaya mit 1 EL vom Limettensaft beträufeln.

2. Die Minzblätter sehr fein hacken und mit dem Limettenabrieb und einem weiteren EL Limettensaft gut vermischen. Die Papaya darin 20 Minuten lang im Kühlschrank marinieren, danach mit etwas frischem Pfeffer bestreut servieren.

Feiner Bratapfel

(2 Portionen, je 90 Kcal)

Zutaten:

- 2 aromatische Äpfel *(z.B. Jonathan oder Pink Lady)*
- 50 ml Apfelsaft *(ungesüßt)*
- 1 Limette *(unbehandelt)*
- 5 g Ingwer
- 1 kleiner Zweig frischer Rosmarin oder Thymian nach Belieben
- 100 ml Wasser
- Stevia zum Süßen

Tipp

Nach Abschluss der strengen Diätphase schmeckt der Bratapfel auch sehr gut in einer Mischung aus Weißwein und Apfelsaft gegart, eventuell mit einem Klecks geschlagener Sahne als Beilage

Zubereitung:

1. Die Äpfel abwaschen und trocken reiben. Mit einem Kernhausausstecher das Kernhaus herausstechen und die Äpfel aufrecht in einen kleinen Kochtopf stellen.

2. Die Limette waschen und abtrocknen. Die Schale ohne die weiße Haut mit einem Sparschäler oder einem Zestenreisser abreiben. Nun den Saft auspressen. Den Ingwer schälen und fein hacken. Limettenschale, Ingwer und Limettensaft miteinander vermischen und mit jeweils der Hälfte der Menge die Äpfel füllen. Wer mag, gibt nun noch frischen Rosmarin oder Thymian hinzu. Dann den Apfelsaft und das Wasser zugießen und im geschlossenen Kochtopf 30 - 35 Minuten lang bei mittlerer Hitze garen lassen. Anschließend mit Stevia nach Belieben süßen und entweder heiß oder später ausgekühlt mit der „Bratsauce" beträufelt servieren.

Tabellen der Inhaltsstoffe
Eiweiß, Kalorien und Fettgehalt
(teilweise gerundet)

Fleisch   *(pro 100 g)*

Art	Kalorien (kcal)	Brennwert (kJ)	Fett in Gramm
Hühnchen:			
Brustfilet	107	448	2,0
Hackfleisch	110	461	2,0
Pute:			
Schinken	166	698	3,0
Schnitzel	104	435	0,8
Rind:			
Hüftsteak	111	465	3,0
Kalbstafelspitz	163	683	7,4
Lende	130	544	4,5
Tatar	113	473	3,0
Schwein:			
Filet	130	544	3,0
Kasseler, *mager*	142	590	6,0
Minutensteak	119	498	3,0
Schnitzel, *mager*	117	490	3,0

Fisch und Meeresfrüchte   *(pro 100 g)*

Art	Kalorien (kcal)	Brennwert (kJ)	Fett in Gramm
Jakobsmuscheln	77	322	0,9
Miesmuscheln	51	214	1,0
Nordseekrabben	85	356	1,0
Seelachsfilet	81	340	0,9
Tintenfischringe	112	469	2,00
Zander (Filet)	84	352	0,75
Flusskrebsschwänze	88	368	1,5
Garnelen	88	368	1,45

Gemüse, Früchte und Pilze   *(pro 100 g)*

Art	Kalorien (kcal)	Brennwert (kJ)	Fett in Gramm
Apfel	55	230	0,3
Aubergine	18	75	0,0
Austernpilz	20	84	0,1
Basilikum	41	172	0,8
Birne	61	255	0,0
Blattpetersilie	53	222	0,4
Blattsalat	20	84	0,3
Blumenkohl	23	96	0,3
Bohnen *(grün)*	25	105	0,24
Brokkoli	24	101	0,2
Cantaloupe-Melone	36	151	0,3
Clementine	46	193	0,3
Champignon	15	63	0,3
Chilischote	27	113	0,9
Chinakohl	12	50	0,29
Eisbergsalat	13	55	0,2
Erdbeere	29	121	0,4
Fenchel	25	105	0,3
Frühlingszwiebel	31	130	0,0
Grapefruit	50	209	0,2
Gurke	12	50	0,2
Himbeere	27	113	0,3
Ingwer	50	209	1,0
Kapstachelbeere	56	234	0,0
Karotten	26	109	0,2
Kirsche	43	180	0,3
Kiwi	53	222	0,6
Knoblauch	142	595	0,1
Knollensellerie	23	96	0,3
Kohlrabi	25	105	0,0
Koriander	332	1390	18,9
Kresse	38	159	1,4
Kreuzkümmel	411	1721	22,1
Lauch	26	109	0,3
Lauchzwiebel	42	176	0,3
Limette	30	126	0,2
Mango	60	251	0,4
Nashi-Birne	32	134	0,0
Nektarine	42	176	0,1
Orange	42	176	0,2

Art	Kalorien (kcal)	Brennwert (kJ)	Fett in Gramm
Papaya	32	134	0,1
Paprika (gelb)	30	126	0,3
Paprika (grün)	20	84	0,3
Paprika (rot)	37	155	0,5
Passionsfrucht	80	335	0,4
Petersilienwurzel	37	155	0,47
Pfirsich	41	172	0,1
Quitten	39	163	0,5
Radieschen	15	63	0,1
Rhabarber	13	54	0,1
Rosenkohl	40	167	0,4
Schalotte	40	168	0,2
Schnittlauch	27	113	0,6
Stangensellerie	12	50	0,2
Shiitakepilz	42	176	0,22
Spargel (grün)	18	75	0,2
Spinat	17	71	0,3
Steinpilz	34	142	0,4
Tomate	17	71	0,2
Wacholderbeere	370	1549	14,6
Wassermelone	35	147	0,0
Weißkohl	22	92	0,2
Zitronengrass	99	414	0,5
Zitronensaft	27	113	0,1
Zucchini	19	79	0,4
Zuckerschoten	32	134	0,1
Zwetschge	43	180	0,1
Zwiebel	28	117	0,25

Sonstige   (pro 100 g)

Art	Kalorien (kcal)	Brennwert (kJ)	Fett in Gramm
1 Ei (M, 60 g)	90	387	6,3
1 Eigelb (M)	70	317	6,1
1 Eiweiß (M)	20	70	0,2
Joghurt (Magerstufe)	62	260	1,5
Quark (Magerstufe)	67	279	0,2
Shirataki-Nudeln	6	25	0,0
Sojasauce	65	272	0,0
Gemüsebrühe, (fettreduziert, 1 TL, = 5 g)	10	42	0,1

Rezeptverzeichnis

Gemischte Gerichte

Fruchtdesserts

Eigene Rezepte

Eigene Rezepte

Compbook Verlag

Aroma-Essig
Selbst ansetzen und genießen
ISBN 978-3934473-32-4

Heilpflanzen-Tinkturen
Wirksame Kräuterauszüge mit und ohne
Alkohol selbst herstellen
ISBN 978-3-934473-20-2

Frozen Yogurt
Lecker leichtes Joghurt-Eis selbst gemacht
ISBN 978-3-934473-12-6

Hot Chocolate!
Köstliche Trinkschokolade selbst gemacht
ISBN 978-3934473-30-0

Kräuter- und Gewürzsalze
Leckere Salzmischungen,
höllisch scharf und himmlisch würzig
ISBN 978-3-934473-05-8

Das Sirup-Kochbuch
Fruchtsirup, Blütensirup, Kräutersirup,
Hustensirup und Kräuter-Honig
ISBN 978-3-934473-00-3

Kreative Einmachküche Frühling
ISBN 978-3-934473-53-7

Kreative Früchteküche: Mango
Vorspeisen, Fleisch, Fisch, Geflügel,
Desserts und Eingemachtes
Kindle Version

Kräuterweine und Elixiere
110 Rezepte
nach Hildegard von Bingen, Ayurveda und
aus der Naturheilkunde
ISBN 978-3-934473-03-4

Naturheilsalben selbstgemacht
Altbewährte und neue Rezepturen
ISBN 978-3934473-21-8

Parfum Workshop
100 edle Düfte für Sie & Ihn
ISBN 978-3-934473-77-5

Chihuahuas für Anfänger
Starthilfe für Anschaffung, Haltung,
Erziehung und Pflege
ISBN 978-3-934473-04-1

Prager Rattler (Praský krysarík)
für Anfänger
ISBN 978-3-934473-13-3

Papillon und Phalène
(Kontinentaler Zwergspaniel)
für Anfänger
ISBN 978-3-934473-14-0

Annerose Demski / Elisabeth Engler
Chinese Crested Dog
Der extravagante Charmeur
ISBN 978-3-934473-17-1

Mein Energie – Tagebuch
Tipps und Tricks zum optimierten Energie-
Management im Haus
ISBN 978-3-934473-07-2

Meine Öl-Heizung
Kesselreinigung Schritt für Schritt
selber machen
ISBN 978-3-934473-09-6

David Woods / Elisabeth Engler
Go InSide!
Das David-Woods-Hypnose-Programm
In 3 Schritten abnehmen, nicht-rauchen und
selbstbewusster werden
ISBN 978-3-934473-88-1 Hardcover

Christa Rieck
Das Gänseblümchen erinnert sich
und weitere Wildkräuter-Geschichten für
Kleine und Große
ISBN 978-3-934473-70-6

Unsere Hochzeit Gästebuch (illustriert)
ISBN 978-3-934473-41-6 Hardcover, weiß

Weiteres und Neues unter
www.Compbook.de